Fragmento De Inocencia

Los Ecos de Mi niño Interior Roto

Felipe Mecina

Mi Nombre es Felipe Mecina Mendoza vivo en la ciudad de San José California soy originario de Michoacán México llegue a este país hace 45 años y actualmente tengo un pequeño negocio que nos da para vivir con mi familia

En medio de los capítulos difíciles de mi vida, quiero expresar mi sincero agradecimiento a mi esposa, quien ha sido la brújula principal en mi recuperación y bienestar emocional. Su apoyo inquebrantable, su comprensión y amor constante han sido mi ancla en medio de mis tormentas emocionales, Agradezco su paciencia, su fortaleza y la luz que ha traído a mi vida, guiándome hacia la paz y la estabilidad que ahora disfruto. Juntos, hemos convertido los fracasos en lecciones, y estoy eternamente agradecido por tenerla a mi lado.

"

ÍNDICE

En mi adolescencia ignorante de mis propias deficiencias emocionales, me embarqué en busca de mi primer amor, sin saber realmente lo que eso implicaba. Esta búsqueda me llevó a enfrentar grandes decepciones y desilusiones por mucho tiempo en mi vida, No pasó mucho tiempo antes de que encontrara mi primer amor, pero lamentablemente, poco después, también se convirtió en mi primera decepción amorosa.

A pesar de que mi primera relación resultó ser una decepción, mantuve la esperanza de que las siguientes fueran lo que yo ambicionaba. Sin embargo, cada intento posterior en la búsqueda del amor solo me llevó a experimentar más decepciones. A medida que pasaba el tiempo, mi suerte en las relaciones no mejoraba en absoluto. Por el contrario, cada nueva relación se volvía más desafiante y dolorosa. Lamentablemente, en esta Desafiante travesía amorosa, involuntariamente y con complicidad de otras personas, arrastramos a alguien inocente que no tenía nada que ver con mis fracasadas relaciones amorosas dejando en mi secuelas emocionales
imposibles de olvidar.

En Búsqueda de Mi Primer Amor

Al iniciar mi vida amorosa, me encontré sumido en una serie de fracasos en cada intento de relación. Mis experiencias amorosas siempre resultaron en decepciones, y por mucho tiempo, no entendía la razón detrás de estas malas vivencias. un bagaje emocional sin resolver que afectaba mis relaciones amorosas.

Mi historia se teje entre los hilos invisibles de mis propias heridas no cicatrizadas, las marcas de mi "niño interior roto" que, sin que yo lo supiera, han dejado su huella en cada intento de amor. Ignorante de mi "niño interior roto", en mi adolescencia, comencé a explorar el mundo del amor. Fue un periodo en el que empecé a buscar conexiones emocionales más profundas y a entender lo que significaba estar enamorado. una etapa de descubrimiento y aprendizaje.

Todo comienza en el tranquilo y pequeño pueblo donde la vida transcurría con la monotonía de lo cotidiano, A mis catorce años, comencé a explorar opciones para buscar mi primer amor, aunque había muchas jovencitas como opción, pero ahí había una señorita en particular que capturó la atención y los suspiros de todos los adolescentes, era como un destello de luz que iluminaba nuestras vidas, y su belleza desató una competencia silenciosa entre los jóvenes que anhelamos conquistar su corazón

Aunque parecía que todos compartíamos el mismo sueño de destacar en medio de la multitud que la pretendía, hubo un giro inesperado. Ella en su sabiduría y sensibilidad, se dio cuenta de que en ese momento yo era su mejor opción y entre la multitud de pretendientes, fui el afortunado elegido.A medida que nuestra historia de amor se desarrollaba, experimenté un capítulo que dejó una huella indeleble en mi corazón. Fue un periodo en que la novedad del amor recién descubierto se mezclaba con una serie de desaires que sacudieron la estabilidad emocional que pensé haber encontrado. Cada página de ese capítulo estaba marcada por momentos en los que me sentí incomprendido desatendido y en ocasiones herido.

De la Euforia a la Desilusión

Pronto su mamá se enteró de nuestro noviazgo, la inconformidad y desaprobación se hicieron presente inmediatamente, no soportaba nuestro noviazgo por muchas razones, pero la principal, quería alguien con dinero para su hija, claro yo no cumplía ese requisito.

Aunque de momento no fue un gran problema porque nosotros clandestinamente nos veíamos a diario, siempre buscamos la forma de hacerlo, así que yo pensé si ella quiere, que importa que la mama no quiera, así seguimos adelante con nuestro romance.

Meses después de haber iniciado mi tan deseada relación, en este tiempo se presentaría en el Pueblo cercano un grupo musical que estaba muy popular en la región, y todos los jóvenes deseábamos ver y escuchar, así que cuando se dio a conocer la fecha de la presentación, yo veía que la mayoría de los jóvenes hablaban poniéndose de acuerdo haciendo planes de asistir para disfrutar de su anhelada música.

Debo decir que mi novia estaba en una posición económica mucho mejor que la mía, ya que sus papás tenían una tienda de abarrotes y medicinas, en cambio yo no tenía nada, y muy pronto me vi impactado por la disparidad económica que había entre nosotros dos.

Cuando llegó la tan esperada fecha de la presentación del grupo, yo veía que se iban camionetas llenas de jóvenes rumbo al baile excepto yo, ¿el motivo? no tenía dinero para los gastos. logico tambien mi novia se haría presente, yo que me quedé pensando qué hacer, cómo y/o con quien conseguir dinero para ir a alcanzarla, el pensar que bailaría con otros me enloquecía de celos.

La verdad no recuerdo como lo hice pero finalmente conseguí algo de dinero para ir, el problema fue que nada más conseguí suficiente dinero para pagar el pasaje y la admisión, lógico me faltaba para tomarme algo en el baile, en ese momento no me importo , así me fui a alcanzarla, lo que yo quería era estar cerca de ella para evitar que bailara con otros, así fue que cuando llegue al lugar lo primero que hice fue tratar de ubicarla.

Para mi sorpresa cuando la ubique ya andaba bailando, de momento me moleste, pero pensé, ahorita que me vea, va a ir sentarse para que yo vaya con ella, sin embargo no le importo verme y siguió bailando como si nada, hasta que el grupo se fue al descanso.

Esperé ansioso a que iniciara la música nuevamente para volver a intentar bailar con ella, todo ilusionado me le acerque y la invite, pero lo que me contestó me dejó sin aliento, me dice, tu baila con las muchachas de aquí y yo bailo con muchachos de aquí, enseguida se levantó y se fue a bailar sin importarle.

Me quedé sin saber que decir mucho menos que hacer, el problema fue que no tenía dinero para tomarme algo para amortiguar mi dolor y decepción, así que me fui a sentar a la distancia a verla como se divertía, hasta que se terminó el baile, que por cierto se hizo un eternidad.

Después que se termino el baile, ya no pensaba en lo sucedido, sino como regresar a mi rancho, ya que las camionetas se llenaban con las mismas personas que habían traído, ya todos regresaban a sus lugares, y
yo esperando a ver donde quedaba un lugar para mi, no fue sino hasta después de mediodía que alguien del mismo rancho vino al pueblo, y finalmente pude regresar a casa, todo desvelado, amargado y desilusionado.

Al siguiente dia todo desesperado traté de hablar
con ella, pues estaba muy dolido por el desaire tan
humillante que me hizo , y quería una explicación
de su parte, pero lejos de una explicación, lo único
que conseguí, fue recibir un recado, donde me
decía que lo nuestro se terminaba, porque en un
unos días abandona el rancho, que sus papás
decidieron mandarla a estudiar a la ciudad, esto
aumentó mucho más mi ritmo cardiaco, ya que
lejos de recibir una explicación, me confirmaba que
era nuestro final.

Aquí, en este punto específico, llegaba a su fin mi
relación amorosa, una relación de la que me sentía
profundamente orgulloso y en la que deposité
todas mis ilusiones. Este fue el lugar donde
experimenté mi primera decepción amorosa,
donde el adiós se convirtió en un dolor agudo que
resonaba en lo más profundo de mi ser, como si
algo se hubiera roto irremediablemente dentro de
mí.

Experimentar mi primer duelo amoroso fue como sumergirme en un océano de emociones tumultuosas y desconocidas. Al principio, todo parecía ir bien, como flotar en la superficie de las aguas cristalinas de la felicidad. Sin embargo, gradualmente, las olas de la realidad comenzaron a agitarse, y me encontré luchando contra una corriente de decepción y tristeza.

La sensación de pérdida se apoderó de mí, como si un pedazo de mi corazón se desgarra lentamente. Cada recuerdo compartido se volvió agridulce, como las olas que me envolvían y recordaban constantemente la ausencia de lo que solía ser. La soledad se instaló como una tormenta emocional, y mi alma navegaba en la oscuridad de la incertidumbre.

Con todo el dolor de mi corazón, llegó el día en que la vi partir de nuestro rancho, fue un momento difícil, lleno de tristeza y nostalgia. verla alejarse y no poder hacer nada para impedirlo, aquí se marcó el final de una etapa importante en mi vida, ahora tendría que seguir adelante sin ella.

Pero, a medida que el tiempo avanzaba, la tormenta comenzó a disiparse. descubrí que, aunque el duelo amoroso deja cicatrices, también me brindó la oportunidad de aprender y crecer. aprendí a apreciar la fuerza interior que desconocía poseer, y a entender que la sanación lleva tiempo, pero eventualmente llega.

Fue en este momento de vulnerabilidad pero también de fortaleza que ella regresó al mismo lugar. Su presencia trajo consigo un remolino de emociones contrastantes, verla nuevamente despertó viejas emociones, de momento pensé, me extraño, está arrepentida y regreso para reanudar nuestra relación.

Entre el Amor y la Seducción del Lujo

Pero la realidad era otra muy diferente, en unpueblo vecino, vivía un señor muy rico, el señor tenía la fama de que muchacha que le gustaba, con su dinero conquisto a quien quizo nadie se le resistía, ya había conquistado varias otras jovencitas en otros lugares del municipio

Además cuando ese señor se fijó en ella , empezó a ir a tomar vino ahí a casa de sus papás, así fue como empezó a conquistarla, claro con la complicidad de su mamá,   la señora le facilitó las cosas, el si era un buen partido para su hija, no le importó que él estuviera casado.

Días después de que ella regresó al rancho, también llegó ese señor ahí a su casa como ocasionalmente lo hacía antes, todo parecía normal, pero esta vez pasó algo diferente, el señor llegó de noche, ya no se marchó como lo hacía anteriormente, esta vez se quedó ahí hasta el siguiente día, logico ahi habia pasado la noche.

Pero como en un rancho tan pequeño nada pasa desapercibido, la gente empezó a murmurar lo sucedido, a hacer comentarios con respecto a esa situación, al final de cuentas no pudieron ocultarlo mucho tiempo, e hicieron público su romance.

Así fue que me enteré que ella no se fue a estudiar, eso lo inventaron para disfrazar su salida del rancho, e irse con ese señor , Fue doloroso darme cuenta de la importancia que ella otorgó a la situación financiera, fue un factor clave en nuestra separación.

Pero también la disparidad económica jugó un papel crucial. Si bien había ventajas en pertenecer a un estrato socioeconómico más favorecido, también estaba muy consciente de las desventajas que esto conllevaba. Observar las diferencias entre los privilegios de unos pocos y las luchas diarias de muchos me llevó a reflexionar profundamente sobre mi propio futuro.

Me di cuenta de que, dadas las circunstancias, migrar a Estados Unidos se perfilaba como mi única opción viable, para mejorar mi situación econimica, en ese lugar seria imposible hacerlo.

Por su Parte, Ella se veía muy apoderada con su poderosa relación, ya después el señor llegaba a visitarla muy frecuentemente en todas las ocasiones llegaba muy noche o ya de madrugada, pero una noche cuando iba en camino a visitarla, el señor se accidentó en su camioneta y desgraciadamente en ese accidente falleció.

También ahí terminaba su poderosa relación, y vivía sus duelos en silencio y a solas, como el señor tenía su esposa e hijos lógicamente ellos recogieron el cadáver, así que mi ex ya no tuvo la oportunidad ni de verlo.

Lo peor de todo fue que a ella no le dejó nada de bienes ni efectivo de todo lo que ese señor poseía , así fue que ella quedo peor que como estaba anteriormente a esa relación, bueno si le quedo una cama y los viajes de paseo, tiempo después ya un poco recuperada de todos sus duelos se supo que se había ido a los Estados Unidos.

Aunque ella era muy joven y bonita su aspecto empezó a desmejorar mucho , al punto que ya tenía la apariencia de una mujer mucho más madura, casi como de la tercera edad, ya no era ni la sombra de aquella señorita que a tantos suspiros arrancará.

Por mi parte, después de haber superado el duelo de esta relación, y encontrarme nuevamente en equilibrio emocional, decidí abrir mi corazón a nuevas oportunidades, No pasó mucho tiempo cuando ya había encontrado el amor nuevamente, pero así como en mi relación anterior, también experimenté desafíos con la madre de mi actual novia. pero en esta ocasión no me vi tan afectado emocionalmente, lo tomé más a las ligera y no le di mucha importancia al problema ni al noviazgo.

También por este tiempo con unos amigos veníamos elaborando planes para emigrar a los Estados Unidos, la idea de explorar nuevas oportunidades y sumergirnos en el sueño americano nos motivaba, estábamos trabajando en convertir esos planes en una emocionante realidad.

La Travesía hacia un Futuro Renovado

Así fue que un día decidimos embarcarnos en una aventura épica llena de expectativas y misterios, la emoción inicial era palpable, alimentada por la anticipación y la promesa de un futuro diferente.

Después de mucho batallar llegamos a nuestro destino una vez establecidos comencé en la búsqueda de trabajo, Sin embargo debido a mi corta edad enfrente complicaciones en mi inserción en el mercado laboral.

Los primeros meses fueron una montaña rusa de emociones, me desesperaba porque sabía de la necesidad económica de mi mamá y hermanos, me urgía conseguir un trabajo para poder mandarles dinero, pero debido a mi corta edad encontrar trabajo me llevó tiempo, pero mantuve una actitud positiva, y meses después un paisano me recomendó en su trabajo, y con ello no nada más mejoraba mi situación financiera, sino que también contribuyó en mi bienestar psicológico.

Como también ejercía la profesión de músico, después de mucho tocar puertas ofreciendo mi servicio como Músico en grupos musicales que se presentaban en Clubs Nocturnos, finalmente encontré una oportunidad en un grupo, así estuve trabajando en la música también en mi trabajo en la empresa por un buen tiempo, la verdad me estaba yendo muy bien en todos los sentidos, económica y emocionalmente, ya que finalmente estaba con bastante trabajo.

Así estuve los primeros tres años, disfrutando de mi juventud, inmerso en la música, el trabajo y las aventuras, todos estos años fueron de felicidad, hasta que un día, de repente, mi niño interior herido, volvió a hacerse presente, pero esta vez mucho más vulnerable, y con muy desagradable desenlace.

Ciclos de Aprendizaje y Repetición

Éramos todos jóvenes, y en el trabajo como músico casi siempre hay una chica que muestra interés en alguno de nosotros, Fue precisamente eso lo que desencadenó una serie de acontecimientos que dejarían una marca inborrable en mi vida, una vez más, mi problema se repetiría.

Era una noche cualquiera, mientras estábamos tocando en aquel lugar, una mujer que trabajaba allí mismo donde nosotros nos presentamos, mostró interés en mí. Para mí, esto no era nada fuera de lo común, porque ya había experimentado situaciones similares en el pasado,

Me pareció interesante también, y así comenzamos una relación que al principio fue de amistad, aunque poco tiempo después evolucionó hacia una pareja.

Todo iba bien por un tiempo, pero un día el dueño del lugar muy molesto y sin aparente razón, nos comunicó que ya no nos necesitaba como músicos, en ese momento, no entendimos el motivo, ya que la gente parecía disfrutar de la música que ofrecíamos.

Así terminaba nuestra relación laboral, aunque de pronto no supimos el motivo, pero no faltó quien me dijera que nuestro despido se debía a que el dueño del lugar también estaba interesado en la misma chica, por eso fue el despido, aquí iniciaba otra pesadilla para mi vida.

Después de enterarme del motivo de nuestro despido laboral, decidí confrontarla directamente, le planteé lo que había escuchado y ella admitió que era cierto, me dijo si al principio el señor fue muy cortés conmigo, pero cuando me di cuenta cuales eran sus intenciones le aclare que nuestra relacion seria nada más laboral, y cuando se sintió rechazado cambió su actitud conmigo.

Al saber el motivo, las cosas se complicaron mucho para los dos, después de confrontarla, traté de terminar la relación de inmediato, a la vez me preocupé por nuestra seguridad, pero como ella también fue despedida, se me hizo injusto dejarla sin mi apoyo económico.

Durante ese período, nos encontrábamos en un estado de estancamiento en nuestra relación. Yo estaba decidido a desvincularme para poder avanzar con mis planes y seguir adelante con mi vida, pero ella se negaba obstinadamente a aceptarlo.

Este tiempo se convirtió en una etapa increíblemente estresante y preocupante para mí, ya que me sentía atrapado en una situación en la que no podía avanzar, mientras luchaba por encontrar una solución que nos permitiera a ambos seguir adelante por caminos separados.

Finalmente, un día ella apareció en mi puerta con algunas de sus pertenencias, determinada a quedarse a pesar de mi deseo de separarnos. Sin embargo, el temor a las posibles represalias del señor nos invadía, y la sensación de inseguridad se apoderaba de cada rincón de mi mente. Ante esta situación, tomé una decisión difícil: opté por buscar trabajo como músico en una ciudad distante, lejos de todo lo que conocíamos. Era un paso hacia lo desconocido, pero en ese momento parecía ser la única salida para encontrar la seguridad y la paz que tanto ansiaba.

Sin embargo, los nervios y los malos consejos de otras personas aumentaron mi inseguridad, socavando mi confianza en la decisión que había tomado. A pesar de mis esfuerzos por mantenerme firme, cedí ante la presión y, con profundo pesar, decidí regresar a México, dejando atrás el trabajo y, lo que era aún más doloroso, abandonando los sueños por los que había luchado y que comenzaban a dar frutos. Fue un momento de gran desilusión y arrepentimiento, donde el peso de las decisiones mal tomadas se hacía sentir con fuerza en mi corazón.

Además, en ese momento ocupaba un excelente puesto con un salario envidiable en la empresa donde trabajaba. Cuando les comuniqué mi decisión de partir, mis superiores y colegas intentaron persuadirme para que reconsiderara, expresándome su aprecio por la calidad de mi trabajo y lo mucho que valoraban mi contribución al equipo. Fue un gesto que me conmovió profundamente, pero a pesar de ello, sentía que mi destino estaba llamándome hacia otro lugar, una decisión que, aunque difícil, sentía que era necesaria para mi propia búsqueda de paz y realización personal.

Aunque ella no estaba al tanto de mi intención de regresar a México, cuando finalmente se enteró, hizo todo lo posible por convencerme de que no era la mejor opción. Sus palabras resonaban en mi mente, pero ya había tomado mi decisión. Había reflexionado profundamente sobre mi situación y había llegado a la conclusión de que era lo correcto para mí. A pesar de su resistencia, proseguí con mi plan de regresar, consciente de que era el camino que debía seguir, incluso si implicaba dejar atrás la vida que había construido en ese momento.

Cuando finalmente se dio cuenta de que no podría convencerme de cambiar mi decisión, ella también tomó la determinación de irse conmigo. Decidimos dirigirnos a un lugar con una cultura y costumbres diferentes, muy alejado de la ciudad a la que estaba acostumbrada. Le advertí sobre las dificultades que podría enfrentar, señalándole las marcadas diferencias culturales y el estilo de vida en el rancho. Le dije que nuestra cultura era muy diferente a lo que estaba acostumbrada, pero su respuesta fue firme: 'Eso no me importa', dijo decidida a acompañarme, sin importar los desafíos que pudieran surgir en el camino.

Con mucho pesar y sentimientos encontrados ,un día decidimos cargar mi carro con todo lo que pudiéramos llevar y emprender un viaje rumbo a México. Fue una decisión, llena de emoción y anticipación por lo desconocido que nos esperaba en el largo viaje al otro lado de la frontera. Empacamos , tratando de meter en el vehículo todo lo que considerábamos esencial.

Una vez que todo estaba acomodado, nos despedimos de nuestro hogar y nos lanzamos a la carretera, con el sol brillando sobre nosotros y la promesa de nuevas experiencias en el horizonte. Aquel día, cargando el carro hasta el tope, marcó el inicio de una emocionante travesía que transformaría nuestras vidas para siempre.partimos de regreso a nuestro lugar de origen, nuestro México.

El viaje fue una experiencia de contrastes y desafíos en la carretera. Encontramos controles aduaneros y federales que cuestionaban el traslado de nuestras pertenencias, lo que añadía tensiones a nuestro viaje.

Después de enfrentar diversos obstáculos y batallar contra la fatiga, nos vimos obligados a conducir tres días consecutivos para alcanzar nuestro destino. Cada kilómetro recorrido nos acercaba un poco más a nuestro nuevo comienzo, pero también nos recordaba los desafíos que enfrentaríamos al llegar.

Al llegar a casa de mi familia, la atmósfera rebosaba de alegría y expectativas positivas. Sin embargo, ese optimismo pronto se desvaneció, dando paso a un cambio drástico y negativo en el ambiente, la dicha inicial se desvaneció como las sombras de la noche, dejando lugar a un giro inesperado que oscureció la escena, cuando vieron que no llegué yo solo.

Pronto empezaron los problemas, para empezar mi familia no estaba de acuerdo con mi relación y cuando llegamos se lo hicieron sentir a ella, aunque yo hable con la familia y les dije que respetara mi decisión, pero no sucedio asi.

Porque cuando yo no estaba en casa mi familia la hacía sentir mal, yo me daba cuenta porque cuando regresaba a casa la veía muy pensativa, aunque ella no me decía nada, para no aumentar los problemas.

Un día llegué a casa rebosante de alegría, cargando con ilusión una bolsa repleta de pescados frescos, imaginando el festín que compartiríamos, no obstante, mi familia me recibió con un panorama desolador, mi pareja se había ido, abandonándome, la amarga sorpresa de su ausencia, la euforia inicial se desvaneció, dando paso a un doloroso contraste entre mis expectativas y la cruda realidad.

Al escuchar eso me quede sin decir nada, la verdad es que pensaba muchas cosas como así está mejor, fue lo mejor para ella, etcétera, pensaba mil cosas a la vez,
lo que hice, fui me reuní con un amigo, lógico luego noto que algo no estaba bien conmigo.

Tuve que compartir con e la mala situación a la cuál me estaba enfrentando, no faltaron las palabras de aliento de mi amigo, como hombre no te preocupes, aquí hay muchas muchachas, ya verás, le saliste ganando tu vas estar mejor, en fin trataba de hacerme sentir bien.

De momento pensé creo que si fue lo mejor, pero con los días mi ánimo dio un giro inesperado, la angustia se apoderó de mí y sentí necesidad de ir a buscarla, pero aunque somos del mismo estado, la Ciudad de donde ella es, está a unos 250 kilómetros de distancia de mi rancho, ahí vivía todo el resto de su familia, aunque yo no tenía ni idea donde vivían, y la ciudad es bastante grande, como para poder encontrarla sin una dirección.

Empecé a tomar bastante, mi amigo viendo mi estado de ánimo me preguntó ¿quieres ir a buscarla? vamos en mi camioneta, como él sabía que no tenía una dirección a donde ir a buscarla, no se si me dijo de broma, pero yo le conteste a donde si la ciudad en muy grande, sin una dirección es imposible encontrarla.

Me preguntó ¿no tienes una idea más o menos en donde buscarla? le digo no, ella nadamas me platico de una hermana, y más o menos me dijo por dónde vive, pero no tengo la dirección, me dijo, si te animas a poner la gasolina yo pongo la camioneta, si quieres vamos a ver si tuvieras suerte y la encuentras.

 Aunque las posibilidades eran nulas lo estuve pensando mucho, y unos días después le dije, sabes que si vamos total que mas se puede perder, al siguiente día salimos temprano en la mañana, con rumbo a una Ciudad que muy poco conocíamos, era como buscar una aguja en un pajar.

Cuando llegamos al lugar lo que se me ocurrió fue irme al centro de la ciudad y dar vueltas en el jardín, así lo hicimos dimos varias vueltas sin ningún resultado, después de un rato perdí la esperanza y le dije a mi amigo es inutil, no la encontraremos mejor vámonos.

Tome una calle que lleva a la salida de la ciudad con rumbo a donde nosotros íbamos de regreso, y en dirección a donde ella me dijo que vivía su hermana, le dije a mi amigo vámonos por aquí, vamos a pasar por el área en donde más o menos me dijo vive su hermana.

Poco después de conducir en esa dirección, no se si por fortuna o desgracia, mientras conducía en esa dirección, de repente la vi a ella entre una multitud bulliciosa, a las afueras de una iglesia, al verla mi ritmo cardiaco se aceleró, y una sensación de nerviosismo invadió mi cuerpo.

No supe qué hacer, pensé en estacionarme ahí a mitad de calle y bajarme, pero lo que hice, fue sonar el claxon repetidamente para asegurarme que me viera, busque un estacionamiento y me fui a encontrarme con ella.

Aunque yo estaba muy molesto por su abandono de momento no le hice ningún reclamo, sabia que tenia que ser prudente, ya cuando hablamos me platico el motivo por el cual tomó la decisión de irse, lógico, el motivo fue la mala voluntad que mi familia le tenía, la hacían sentir mal cada vez que tenían la oportunidad.

Después de platicar un rato me dijo, vamos para que conozcas a mi hermana ahí estoy en casa de ella, y quiero que se conozcan ustedes, así lo hicimos nos fuimos a casa de su hermana así fue que nos conocimos con su hermana, su marido y tres pequeñas niñas que en ese tiempo conformaban esa familia.

Después de estar ahí platicando por un largo tiempo, logramos su hermana y yo, convencerla de que regresara conmigo, lógico una de sus muchas condiciones fue no llegar con mi familia, lo cual yo entendí y estuve de acuerdo, así que poco después ya íbamos en camino de regreso al rancho, pensando a donde llegar.

Aunque encontrar a donde llegar no fue difícil, llegamos a casa de un amigo donde estuvimos por unos días, y posteriormente conseguí una casita a donde nos mudamos, y en donde yo pensé sería la solución a todos nuestros problemas, sin embargo no fue así.

Ahí estuvimos tranquilos aunque no por mucho tiempo, semanas después nos dimos cuenta del gran error que cometimos, ya que nuestros problemas apenas habían iniciado y cada vez serían más agudos y
doloroso, dejando cicatrices cada vez más profundas.

 Mi problema se intensificó con la escasez de trabajo y pronto se vio muy afectada nuestra economía de forma drástica, la impotencia y desesperación se apoderaron de mí, reclamándome a mi mismo el haberme regresado, abandonando mi buen trabajo y sueldo.

Ella me reclamaba lo mismo, que lo que nos estaba pasando era mi culpa, porque aunque ella trato de hacerme desistir de mi regreso nunca le preste atención a su petición, y a la vez yo la culpaba a ella de todo, ya que a raíz de eso, en efecto dominó llegaron todos los problemas.

Nuestra inmadurez nos impedía avanzar hacia una solución definitiva, que era sin duda muy necesaria. Ambos estábamos atrapados en un ciclo de culpas mutuas y falta de comunicación efectiva, lo que nos impedía abordar los problemas de manera constructiva.

En lugar de trabajar juntos para encontrar una solución, nos aferramos a nuestras posiciones y nos culpábamos el uno al otro. Esta falta de madurez emocional nos mantuvo estancados en lugar de avanzar hacia una resolución que beneficiara a ambos.

Unos meses después regresamos a la ciudad su tierra natal, ella quería presentarme con toda su familia, así fue que nos conocimos con él al resto de ellos, también ahí me enteré que ella y su hermana eran hermanas únicas, que quedaron huérfanas de mama siendo apenas unas niñas, y fueron criadas y crecidas por su abuela paterna, una señora de buena fe, pero muy mayor de edad.

Que el padre de ella ya había tenido otras relaciones en las que había tenido hijos adicionales. Sin embargo, en ese momento, se encontraba establecido en una tercera relación en la que también tenían hijos juntos. Fue a través de esta conexión familiar que también llegamos a conocer a esos hijos y formar parte de sus vidas.

En esta familia había un niño como de 6 años de edad aunque el niño llamaba papas al matrimonio, sin embargo no era hijo del mismo, porque ahí me enteraba que el niño era hijo de mi expareja, supe que a la edad de 16 años había tenido a ese niño, al cual había dejado al cuidado de la misma abuela materna que las había crecido a ellas, cuando decidió emigrar a USA.

Después de pasar agradables momentos con ellos,
unos días después regresamos al campo de batalla,
 (mi rancho) a seguir lidiando con nuestra ya
deteriorada y tóxica relación, recuerdo que algunas
personas de ahí del rancho especialmente mujeres,
le decían a ella muchacha tú que estás haciendo
aquí, este no es un lugar para ti, porque no te vas
con tu familia.

No pasó mucho tiempo antes de que los
problemas y las discusiones constantes, junto con
los consejos de personas locales, tuvieran su efecto.
Una vez más, ella decidió irse, abandonándome
una vez más como lo había hecho anteriormente.

Aunque esta vez me hice la promesa de ya no ir a
buscarla, me juré esta vez sería nuestro final,
aunque de momento me sentí tranquilo, pero con
el paso de los días la angustia se apoderó de mí
nuevamente, mi subconsciente insistía: 'Hombre,
esta vez ya sabes dónde está, ve por ella. deve de
estar esperando.

Mi mente se convirtió en un torbellino de pensamientos mientras debatía si debería o no buscarla. A diferencia de otras veces, en esta ocasión sabía exactamente dónde encontrarla y tenía la seguridad de que estaría allí. Esta certeza me intrigaba y, al mismo tiempo, me causaba un gran estrés. Me encontraba en una batalla emocional conmigo mismo, una lucha interna que se prolongaba durante noches de insomnio.

Unos días después de mucho tratar de resistirme me di por vencido, y me fui a buscarla a casa de su hermana, con la seguridad de encontrarla y que regresaría una vez más, pero cual fue mi sorpresa que cuando llegue y pregunte por ella, me dijo su hermana sí estuvo aquí pero hace unos días se fue para Estados Unidos.
Entonces fue que me preocupe, pensé, ahora si fue definitivo, pues en ese tiempo no había celulares, y en mi rancho no había línea telefónica, la única comunicación eran las cartas, y no sabia a donde escribirle, sin embargo, algo seguía jugando no se si a nuestro favor o en contra, pero el destino nos pondría frente a frente una vez más.

Lo que se me ocurrió fue llamar por teléfono a un amigo que trabajaba en la misma fábrica en la cual yo lo hacia, y pedirle de favor que fuera a buscarla al mismo lugar Club Nocturno en el cual nos conocimos, pensé, ahí todavía han de estar trabajando algunas de sus amigas, y ellas deben de saber donde y conquien esta.

Me dice mi amigo, voy a ir el siguiente fin de semana a ese lugar a ver si obtengo alguna información, tu vuélveme a llamar en unas dos semanas a ver si para entonces ya te tengo alguna noticia, así esperé una semana, pero yo estaba ansioso por saber qué había pasado, y le vuelvo a llamar, y me dijo ya fui, para tu fortuna ahí estaba ella, había ido a visitar a sus amigas,
Le di tu recado, y le dejé dinero para el pasaje de regreso, pero no la vi muy convencida de hacerlo.

Bueno ya con lo información que me dio no me quedó mucho más por hacer, lo único fue irme para mi casa y darle tiempo al tiempo y esperar, porque la verdad ella no tenía ninguna buena razón para regresar, yo no sabía en realidad cual seria su decisión final, así transcurrían los días sin saber nada de ella.

Hasta que una semana despúes, un hombre vino a buscarme con una noticia sorprendente. Me dijo: 'Te traigo una razón'. Confundido, le pregunté: '¿Una razón de qué?'. Él respondió: 'Estuve en el pueblo y ahí vi a tu señora. Me dijo que te está esperando que vayas.

En ese momento, me encontraba en un estado de incredulidad total. Mi mente estaba llena de pensamientos contradictorios, preguntándome porque estábamos haciendo esto que nos hace tanto mal mal.

La realidad era que no podíamos vivir juntos, pero tampoco podíamos estar separados. Esta paradoja en nuestra relación se manifestaba incluso en nuestro sarcasmo mutuo, reflejando la complejidad de nuestras emociones y circunstancias.

Así que en cuanto pude me fui el pueblo a encontrarnos una vez más, y hay vamos para el rancho nuevamente, el problema era que en el rancho todo mundo se enteraba de nuestros recurrentes pleitos, lógico me daba vergüenza que nos vieran nuevamente juntos como si nada hubiera pasado.

 No pasó mucho tiempo cuando nuestras emociones empezaron a cambiar nuevamente, a los cotidianos pleitos pero cada vez más fuertes, y con ellos el abandono se volvía a repetir una vez más, en realidad hubo muchas más ocasiones en las que hicimos lo mismo, ella se iba una y otra vez y luego regresaba, ya después se nos hizo costumbre, así estuvimos como dos años haciendo el ridículo en ese lugar.

Después de dos años llenos de batallas y tensiones entre nosotros, y después de muchas conversaciones con mis padres, finalmente logré convencerlos de la decisión que había tomado. Fue así como un día decidimos tomar el camino de regreso a Estados Unidos. A pesar de las dificultades y los obstáculos que enfrentamos, estábamos decididos a empezar de nuevo en ese país.

Regresamos al lugar donde todo comenzó, y para mí, eso también significaba volver a la empresa donde trabajaba anteriormente. Afortunadamente, los directivos me conocían y no dudaron en contratarme nuevamente. Estaba agradecido por la oportunidad de comenzar de nuevo y estaba decidido a aprovecharla al máximo.

Gracias a mi experiencia y dedicación, no pasó mucho tiempo antes de que pudiera mejorar mi posición nuevamente en la empresa. Mis habilidades versátiles en todos los departamentos me permitieron adaptarme fácilmente a diferentes roles, y estaba dispuesto a trabajar arduamente en cualquier puesto disponible.

A pesar de que logramos controlar el problema económico, nuestra relación continuaba deteriorándose. Nos encontramos de vuelta en las mismas dificultades que en el pasado habían transformado nuestras vidas de manera drástica, llevándonos incluso a marcharnos del lugar anteriormente. Parecía que estábamos reviviendo las mismas luchas y desafíos que pensamos haber dejado atrás, lo que solo empeoraba nuestra situación actual.

A pesar de que nuestra relación no estaba bien, yo comencé a hablar por teléfono con su hijo y siempre lo estuve ayudando económicamente, sentía que era lo menos que podía hacer por él, especialmente porque él, ni siquiera reconocía a su mamá, como su madre.

Así fue como él logró estudiar hasta la secundaria, ya que carecía de una figura paterna, y supervisión de un tutor responsable, empezó a involucrarse en actividades propias de la adolescencia, es común que en ausencia de una guía adecuada, algunos jóvenes se vean tentados a participar en actividades que no son necesariamente beneficiosas para su desarrollo.

Con el tiempo y un gran cambio positivo en nuestra situación económica, a pesar de nuestras diferencias y de una relación complicada, decidimos dar un paso importante juntos, con el deseo de un nuevo comienzo y la ilusión de un futuro compartido, optamos por comprar un terreno en su ciudad natal.

Este acto simbolizaba nuestra esperanza de construir algo juntos, algo que trascendiera nuestras disputas pasadas. Era como un compromiso con la posibilidad de un mejor mañana, un gesto de reconciliación en medio de la adversidad, aunque nuestra relación tenía sus altibajos, este proyecto nos unió en un propósito común, ofreciéndonos la oportunidad de trabajar juntos hacia un futuro que ambos anhelábamos. Cuando decidimos comenzar a fincar , como no conocíamos a personas que nos orientaran en el proceso de construcción, la única opción fue su hermana la encargada de la obra de nuestra casa.

Así fue que un día se comenzó la obra, empecé a mandarle dinero a su hermana para materiales, trabajadores y demás, como yo no tenía ni idea del costo, como permisos, costo de materiales, mano de obra, en fin no sabía nada, ella haría todo eso por mi.

A medida que pasaban las semanas y los meses, la construcción de nuestra casa en el terreno adquirido avanzaba a paso lento, casi imperceptible. Aunque yo no estaba involucrado en el proceso de construcción, la cantidad de dinero invertido en el proyecto y la falta de progreso evidente comenzaron a pensar en mi mente.

Me preocupaba la situación, pero no sabía a quién recurrir ni cómo averiguar si este ritmo de avance era normal. La incertidumbre y la sensación de impotencia aumentaban a medida que el tiempo pasaba y la construcción no avanzaba como esperábamos.

Así que no tuve más opción que seguir confiando en ellos y seguir mandando dinero, sin embargo no pasó mucho tiempo cuando un día de forma muy cruel me enteré de la razón por el gasto excesivo y poco avance.

Un dia me llama mi cuñada y me dice tenemos un problema muy grave, fijate que en la obra el ayudante le dio unas puñaladas al maestro de la obra y se lo llevó muy grave la cruz roja, y me preguntaron si tenemos asegurados a los empleados en el seguro social, y les dije que no, fue entonces que se enteraron que estamos fincando sin permiso, dicen que nosotros somos responsables de esto, que tenemos que pagar todos los gastos médicos, y si el señor fallece tenemos que indemnizar su familia.

Esta situación me estreso mucho, ya que el desenlace era muy incierto, por fortuna y gracias a dios el señor sobrevivió, aunque tuve que pagar todos los gastos médicos, y por un tiempo también un salario a él mientras se recuperaba, como ya nos lo habían dicho en un principio, pero bueno pudo haber sido peor.

Después de los desafortunados eventos, También nos enteramos que el motivo de las Puñaladas fue que ellos dos estaban sustrayendo materiales de la construcción y lo estaban vendiendo a otras personas, y que el encargado de la obra no le daba su parte económica al ayudante, como previamente lo habían pactado.Estos hechos también esclarecieron el motivo del gasto excesivo y poco avance en la construcción.

Aquí tomamos la difícil decisión de poner fin a la obra de manera definitiva, sin tener intención alguna de retomarla en el futuro, fue un momento de aceptación de la realidad y de reconocimiento de que nuestras expectativas iniciales no se cumplirían, a pesar de la inversión de tiempo, esfuerzo y recursos en el proyecto, llegamos a la conclusión de que era mejor cortar nuestras pérdidas y seguir adelante.

Aunque fue una decisión dolorosa, sentimos un cierto alivio al liberarnos de una carga que ya no podíamos soportar, a partir de ese momento, nos enfocamos en nuevos horizontes y en buscar oportunidades que nos permitieran seguir adelante en nuestro camino.

La ilusión por los hijos nunca Llegó

En medio de las tormentas que sacudían nuestra relación, entre lágrimas y desafíos, siempre existían esos preciados momentos de serenidad, en esas pausas, cuando el mundo parecía detenerse, la idea de traer un hijo al mundo se colaba en nuestras conversaciones

Sin embargo, como una sombra persistente, la realidad nos recordaba que, a pesar de nuestros anhelos, el regalo de la paternidad aún no se materializaba. era como si el universo nos desafiara con un sueño que se resistía a cumplirse, mientras la esperanza y la frustración bailaban en un delicado equilibrio en el fondo de nuestros corazones.

Después de detener la obra y alcanzar nuevamente una estabilidad económica, decidimos retomar un asunto que durante ese difícil periodo había quedado en segundo plano: el embarazo de la señora. Con la tranquilidad financiera recién encontrada, nos sumergimos nuevamente en la ilusión y la expectativa de dar la bienvenida a una nueva vida en nuestra familia.

Como ella ya era mama yo me preocupe, pense entoces el del problema soy yo, asi fue que los dos nos sometimos a estudios medicos, y después de muchos estudios a ambos y mucho gastar diero, encontraron que aunque ella ya tenia un hijo, sus trompas de falopia habian sido cortadas, por supuesto que la primera en sorprenderse fue ella, dijo no puede ser, yo ya soy mama, fue entonces que empezó a investigar qué le había sucedido, lógico la persona adecuada para cuestionar era su papa el era quien devia saver que habia sucedido, cuando questiono a su papa el le confirmo, le dijo, te acuerdas que después de nacer tu hijo te enfermaste y estuviste muy grave, dice ella si me acuerdo, a bueno, esa enfermedad era peritonitis y la unica posibilidad de salvarte la vida fue una operacion, y en la opracion quirurjica que te hicieron fue que los doctores tuvieron que cortarte tus tubos tambien , los doctores si me dijeron a mi , pero ya cuando te recuperaste se me olvido decirte, ademas en ese tiempo eras una adolecente, no se me hizo adecuado hacerlo.

Después de comprender la complejidad del problema que enfrentábamos, tomamos la decisión de vender la propiedad que quedó a medio terminar, y con el dinero obtenido de la venta, decidimos buscar una solución o tratamiento que pudiera ayudarla a quedar embarazada, esta elección reflejaba nuestra prioridad de abordar juntos un desafío que era importante para ambos.

Reconocimos que, aunque la propiedad era un proyecto significativo, nuestra atención y recursos debían dirigirse hacia algo aún más fundamental para nuestro futuro juntos: la posibilidad de formar una familia, con determinación y esperanza, nos embarcamos en esta nueva etapa, confiando en que encontraríamos el camino hacia el objetivo que tanto anhelábamos.

Con el dinero en mano, la búsqueda de una solución para el tratamiento médico se volvió mucho más sencilla, habíamos eliminado la preocupación económica que antes nos frenaba y pudimos enfocarnos por completo en abordar la situación con eficacia, nos sumergimos en la investigación y consultamos con expertos médicos para encontrar la mejor opción disponible.

Esta nueva situación nos brindaba un sentido renovado de esperanza y determinación, sabiendo que teníamos los recursos necesarios para perseguir activamente nuestro objetivo de formar una familia, con una actitud positiva y el apoyo mutuo, nos enfrentamos al desafío con renovada confianza, listos para superar cualquier obstáculo que se presentará en nuestro camino hacia la realización de nuestro sueño compartido.

Después de comprender la complejidad de nuestra situación, la única alternativa médica que se presentaba como viable fue someternos a un proceso de fertilización in vitro, esta opción, aunque desafiante, se convirtió en la luz al final del túnel en nuestro viaje hacia la paternidad, nos dimos cuenta de que era el camino que debíamos tomar para tener la oportunidad de formar una familia, aunque sabíamos que el proceso estaría lleno de desafíos emocionales y físicos, estábamos dispuestos a enfrentarlos juntos, con la esperanza de que al final, tendríamos la recompensa de tener un hijo propio.

Esta decisión marcó un nuevo capítulo en nuestra historia, uno lleno de esperanza y determinación mientras nos embarcamos en el proceso de fertilización in vitro, esta opción, aunque desafiante, se convirtió en la luz al final del túnel en nuestro viaje hacia la paternidad.

Aunque la fertilización in vitro se presentaba como única opción extraordinariamente costosa, era nuestra única oportunidad realista para alcanzar nuestro sueño de ser padres. a pesar del desafío financiero, estábamos dispuestos a hacer cualquier sacrificio, para tener la posibilidad de construir nuestra familia mediante este procedimiento.

Afrontamos el desafío financiero una inversión significativa, sin embargo, al final del agotador viaje, los resultados fueron desgarradoramente negativos, a pesar del costo emocional y financiero, nos encontramos ante la dura realidad de una fertilización in vitro fallida.

En ese procedimiento, destinamos no solo la propiedad que teníamos en México, sino también todos nuestros ahorros, al final del fallido proceso, nos enfrentamos a una doble pérdida: no solo nos quedamos sin dinero, sino que también el tan ansiado embarazo no se materializó. la carga financiera y emocional resultante dejó un vacío que parecía insuperable.

Durante ese periodo su hermana dio la bienvenida a otra niña a la familia, mientras nosotros seguíamos nuestro propio camino del duelo emocional, la llegada de una nueva sobrina ilustró la continuación de la vida y las experiencias familiares a pesar de las circunstancias

La llegada de la niña no solo fue un momento especial para la familia, sino que también trajo consuelo para nosotros, ya que nos eligieron como sus padrinos, y al estrechar esos lazos especiales, encontramos un consuelo inesperado. nos encariñamos profundamente con ella, convirtiéndose en un faro de luz en medio de nuestras propias travesías personales.

Meses después del nacimiento de la niña, la familia enfrentó una trágica pérdida, el padre falleció repentinamente, dejando a la madre y a las pequeñas en una situación desgarradora, la carga de criar a las niñas y afrontar la vida cotidiana recayó por completo en la solitaria madre, quien se vio enfrentando la adversidad con valentía y determinación.

En ese mismo periodo, mientras afrontamos la dolorosa pérdida del padre de la niña, mi vida también dio un giro, en ese momento, la empresa me asignó a trabajar en Tijuana, lo que significó un cambio significativo en nuestro entorno. así, sin imaginarlo un día nos encontramos viviendo en Tijuana, enfrentando tanto la adaptación a un nuevo lugar como las dificultades emocionales.

Ante la trágica situación de quedarse huérfanas y desamparadas, decidí ofrecer mi apoyo financiero, me convertí en una ayuda constante para ellas, procurando aliviar las cargas financieras y proporcionar un sostén económico en este momento tan difícil.

Desde el momento en que se quedaron solas, hicimos un esfuerzo constante por pasar las navidades juntos Esta tradición se convirtió en un lazo especial entre nosotros, proporcionándonos momentos compartidos de alegría y compañía en medio de los desafíos que enfrentábamos. La celebración de la navidad se volvió más que una festividad; se transformó en un recordatorio tangible de nuestro compromiso continuo de apoyo y amor mutuo.

Dado que la niña no conoció a su padre, ella encontró en mí una figura de afecto paternal, su mirada reflejaba un amor que se tejía con la ausencia de la figura paterna, creando un vínculo especial entre nosotros dos, a medida que crecía, este lazo se fortalecía, nutriéndose de momentos compartidos, de risas y también de momentos difíciles en los que estuvimos ahí el uno para el otro.

Para mí, ser parte de su vida y verla florecer con amor y confianza fue un regalo invaluable, aunque no compartíamos lazos de sangre, nuestra conexión emocional era profunda y genuina, y esa era la base de nuestra relación paternal, formando un lazo indestructible que trascendía cualquier definición convencional de familia.

Cuando las niñas mayores salían de vacaciones escolares, decidimos que era el momento perfecto para estrechar aún más nuestros lazos. las traíamos a Tijuana para pasar más tiempo juntos, creando recuerdos especiales que iban más allá de la distancia y las circunstancias. estos períodos en los que estábamos todos reunidos se volvieron momentos valiosos de unión familiar, donde las risas y las experiencias compartidas fortalecieron nuestra conexión.

Una vez que las visitas concluían y regresaban a su lugar de origen, nosotros continuamos con nuestra intermitente relación, aunque esos momentos compartidos eran significativos, la realidad de nuestra vida se hacía evidente nuevamente y regresamos a nuestra rutina monótona, donde la previsibilidad se apoderaba de nuestras vidas una vez más.

La Trágica Ilusión de la Salvación

Durante ese período, mis padres y hermanos residían en San José, California, y nuestras visitas a menudo nos llevaban a compartir momentos especiales en su compañía, en una de esas visitas memorables, descubrimos la alegría de una nueva vida en la familia cuando nos encontramos con una de mis cuñadas, recién aliviada de un bebé. pero mi hermano manifestaba abiertamente su desdén hacia el niño, asegurando que no era su hijo.

Sus palabras hirientes resonaban con desaprobación, creando una tensión palpable en la familiar."Debido a la actitud desfavorable de su padre hacia el niño, la mamá llegó al extremo de decirle a mi ex que se lo llevara consigo, considerándolo como un regalo.

Esta dolorosa decisión reflejaba la falta de conexión emocional y responsabilidad paternal, marcando un momento difícil en la vida de todos nosotros, Aunque mi hermano, el padre del niño, mostrará desprecio hacia él, para mí resultaba extremadamente doloroso separar al pequeño de los cálidos brazos de su madre. sentía cómo mi corazón se partía al imaginar la situación del inocente niño.

A pesar de mi firme negativa a separar al niño de su madre, mi familia me animaba incansablemente a hacerlo. argumentaban que el bebé encontraría más amor y un futuro mejor a nuestro lado.

También aseguraban que era una buena oportunidad tanto como para el niño como para nosotros ya que el niño era de la misma familia, Aunque yo luchaba con mis propios sentimientos, la presión de mis seres queridos se intensificó, creando un dilema angustioso.

El día de nuestro regreso a casa marcó un punto crucial, ya que la situación se intensificó considerablemente. la madre del niño seguía insistiendo en que nos lleváramos al pequeño. Su desesperación llenaba el ambiente, creando una tensión palpable que nos dejaba atrapados en un dilema emocional y ético.

Finalmente, cedimos y decidimos llevarnos al niño. aunque para mí fue un momento extremadamente difícil y angustioso, sentía que era injusto para la criatura. El camino de regreso a casa se convirtió en un trayecto lleno de lágrimas, donde la tristeza y la incertidumbre se mezclaban en mi corazón, albergando la pesada carga de la decisión que acabamos de tomar.

Cuando llegamos a casa con el niño. enseguida, la curiosidad de los vecinos se hizo presente, inundando el aire con preguntas sobre la identidad del niño y todo tipo de cuestionamientos. El ambiente se cargó de expectación y murmullos mientras intentábamos asimilar la nueva dinámica que acabamos de traer a nuestras vidas.

Una vez en nuestro hogar, por el momento, todo parecía normal. no habíamos experimentado ningún inconveniente con el niño. la calma reinaba en nuestro hogar, aunque la sombra de las preguntas y la incertidumbre persistían, dejándonos a la expectativa de lo que el futuro nos depararía.

Nuestra calma no duró mucho tiempo; de la noche a la mañana, nuestra situación dio un giro de 360 grados. Este repentino cambio confirmaba lo que mi corazón ya temía en cuanto a llevarnos al niño con nosotros. La tranquilidad se desvaneció, dejando espacio para un torbellino de desafíos que, hasta ese momento, habíamos subestimado por completo.

Desafíos y Sufrimientos Inesperados

Era un día normal, a la hora de dormir seguimos con nuestras rutinas habituales. la señora preparó al niño y lo acostó como lo hacía todas las noches. Sin embargo, una noche desperté y fui a verificarlo en su cuna, al acercarme, escuché unos quejidos muy tenues, así que lo levanté. al verlo, noté que sus ojitos estaban volteados, mostrando solo lo blanco, generando preocupación y desconcierto en mi corazón.

Inmediatamente, corrimos con el niño a una clínica cercana en busca de ayuda. Sin embargo, para nuestra sorpresa, el doctor nos informó que ahí no podían hacer nada por él y nos instó a llevarlo al hospital, ya que el niño necesitaba cuidados intensivos. la urgencia en la voz del médico agudizó nuestra angustia, y sin perder tiempo, nos dirigimos al hospital en busca de la atención médica necesaria para el pequeño.

Una vez en el hospital, el doctor nos informó que lo más recomendable era trasladarlo al Hospital de Niños en San Diego, fue en ese momento cuando empezamos a enfrentar las consecuencias de nuestro gran error. la realidad nos golpeaba con fuerza, y el peso de la decisión que habíamos tomado se hacía evidente.

Cuando los doctores nos solicitaron los datos y la información del niño para realizar los trámites necesarios y enviarlo a San Diego, nos enfrentamos a nuestro primer gran problema, en ese momento no tuvimos más opción que ser honestos sobre la situación del niño. la verdad emergió con pesar mientras compartimos los detalles críticos que rodeaban su estado.

Una vez aclarada la situación del niño, los doctores me instaron a pedirle a su verdadera madre que se trasladara a Tijuana para que pudiéramos enviar al niño con ella. sin embargo, surgió otro problema cuando mi hermano se negó rotundamente a permitir que ella realizara el viaje, lo que provocó un considerable retraso en todo el proceso, Ante la firme negativa de mi hermano de permitir que mi cuñada viajará, me vi obligado a llamarle para intentar discutir la situación, aunque sin lograr convencerlo, su negativa solo aumentó mi desesperación y dolor.

Sin embargo, la intervención de mi familia resultó crucial. lograron persuadir a mi cuñada para que hiciera el viaje sin su autorización, así al siguiente día finalmente llegó con nosotros, marcando un cambio significativo en la dinámica que estábamos viviendo

Cuando mi cuñada llegó, inmediatamente trasladaron al niño al hospital a San Diego, La esperanza y la preocupación se entrelazan en el aire mientras observábamos la partida, deseando fervientemente que recibiera la atención necesaria.

Una vez que el niño estuvo en el hospital, mi desesperación me llevaba a cuestionar constantemente a los doctores sobre su salud y estado de gravedad. mis preguntas se convertían en un reflejo de la angustia que consumía mi mente, anhelando respuestas que pudieran arrojar luz sobre el destino incierto del pequeño

Me embargaba un sentimiento abrumador de culpabilidad por lo que el niño estaba pasando. No podía evitar pensar que si no lo hubiéramos traído con nosotros, tal vez no estaría enfrentando esta difícil situación. Los "y si..." resonaban en mi mente, alimentando la culpabilidad que pesaba en mi corazón. Me encontraba en un estado de constante autoevaluación, preguntándome si había tomado la decisión correcta, si había hecho lo suficiente para protegerlo y asegurar su bienestar.

La Conmoción del Diagnóstico

Unas horas después de que el niño fuera ingresado, los doctores nos convocaron para entregarnos una desgarradora noticia. Nos informaron que el niño había superado su estado más crítico y que existía una posibilidad de que sobreviviera.

Sin embargo, nos comunicaron con pesar que creían que había sufrido daño cerebral, aunque la confirmación de esto vendría después de realizarle algunos estudios adicionales, La incertidumbre y la angustia se apoderaron de nosotros mientras esperábamos más información sobre el estado de salud del pequeño.

Días después, el doctor nos volvió a convocar, pero esta vez para confirmar sus sospechas. Nos entregó la desgarradora noticia de que, efectivamente, el niño tenía daño cerebral. El impacto de sus palabras fue abrumador, y un torrente de emociones nos invadió.

Sentí un nudo en la garganta y una sensación de incredulidad ante la cruel realidad que estábamos enfrentando. La noticia nos golpeó con una fuerza devastadora, dejándonos aturdidos y desesperados por encontrar respuestas y soluciones. En ese momento, el mundo parecía detenerse a nuestro alrededor, mientras nos aferrábamos uno al otro en busca de consuelo y apoyo mutuo en medio de la angustia y el dolor.

Aunque pronosticaba que sobreviviría, la devastadora verdad era que debido al daño, quedará inmovilizado, incapaz de caminar, hablar, quedando en un estado vegetal. la impactante revelación sumió a nuestra familia en una tristeza profunda, enfrentándonos a la dura realidad de lo que el futuro le deparaba al pequeño.

Después de tres largos meses de estancia en el hospital, los doctores finalmente dieron de alta al niño. Sin embargo, lógicamente, debía regresar a casa con su madre. Así fue que un día, enviaron al niño y a su madre en una ambulancia de regreso a su hogar, el lugar del cual nunca debió haber sido sustraído.

Nosotros regresamos a nuestra casa. En ese momento, retomé por completo mi trabajo, tratando de encontrar una suerte de normalidad en medio de la intensidad emocional que nos había envuelto. Aunque las circunstancias eran difíciles, la vida continuaba, y cada día representaba un esfuerzo por encontrar equilibrio en medio de la adversidad.

Superar emocionalmente esa situación fue increíblemente difícil para mí. me sentía abrumado por la culpa, sumido en un torbellino de emociones. recurrí al alcohol para intentar aliviar el peso de los remordimientos que me atormentaban, las lágrimas se volvían mi compañía constante en medio de la angustia y la tristeza. la carga emocional se volvía insostenible mientras luchaba por encontrar un camino hacia la reconciliación con mis propias decisiones.

Esta situación también afectó significativamente nuestra ya deteriorada relación matrimonial. en medio de la angustia, comenzamos a buscar culpables y a acusarnos una vez más mutuamente, la carga emocional y la culpa se convirtieron en una barrera entre nosotros, exacerbando las tensiones preexistentes y llevándonos a un punto en el que la comunicación se volvía cada vez más difícil.

Con las emociones y el cariño que le teníamos al niño, nuestra mala relación había tomado un breve receso. Sin embargo, una vez que las intensas emociones, tanto positivas como negativas, se aquietaron un poco, regresamos a los cotidianos pleitos que caracterizan nuestra dinámica. Aunque la experiencia con el niño nos brindó un momento de tregua, las tensiones subyacentes entre nosotros volvieron a emerger, recordándonos la complejidad de nuestra relación.

Después de aquella situación dolorosa, nuestra relación se volvió cada vez más distante. los lazos que solíamos tener se desvanecieron, y ella empezó a pasar más tiempo con sus amigas, regresando a casa tarde. nuestra conexión se desmoronó aún más bajo el peso de nuestras heridas no sanadas. el distanciamiento se convirtió en una barrera silenciosa que creció entre nosotros.

Poco tiempo después de que se llevaron al niño, decidimos visitarlo con la esperanza de encontrar algún consuelo, sin embargo, la realidad que enfrentamos sólo aumentó nuestra tristeza y culpabilidad. El pequeño había sido ingresado en una casa hogar, donde convive con otros niños, Cada uno enfrentando desafíos y discapacidades únicas. la escena nos golpeó con fuerza, recordándonos la magnitud de la pérdida y haciendo que nuestra sensación de responsabilidad pesará aún más en nuestros corazones.

Después de presenciar la desgarradora situación del niño, regresamos a casa con el ánimo aún más afectado por el destino del inocente. la imagen de su realidad en la casa hogar se quedó impresa en nuestras mentes, pesando como una losa sobre nuestras emociones, Cada detalle de su difícil entorno resonaba en nuestro interior, dejándonos con una sensación abrumadora de impotencia y tristeza. La experiencia había dejado una marca profunda en nosotros, y la angustia persistía mientras reflexionamos sobre el futuro incierto del pequeño.

Desenlace Inesperado Pero Necesario

Fue precisamente en ese momento cuando el dueño de la empresa para cual yo trabajaba enfermó, desgraciadamente lo que él creía sería simple resultó mucho más complicado, viéndose obligado a buscar a alguien que tomara sus decisiones en su ausencia. pero la persona designada para el cargo, a pesar de no tener conocimiento alguno sobre nuestro proceso de producción, e ignorando mis advertencias,implementó métodos completamente ajenos a nuestra dinámica habitual. Esta decisión tuvo consecuencias devastadoras, llevando a la empresa a una quiebra total.

La insatisfacción entre los empleados creció a medida que los cambios en la producción y la personalidad arrogante de la nueva persona a cargo generaron un ambiente laboral tenso. La tensión alcanzó su punto álgido cuando en un acto de protesta los empleados decidieron irse a huelga. La falta de comprensión de la persona a cargo sobre el sistema laboral en México hizo que las cosas se salieran de control rápidamente.

La situación empeoró cuando el sindicato intervino y asumió el control de la empresa. En un giro inesperado, el sindicato se hizo responsable de finiquitar a los empleados, tomando decisiones que afectaron directamente a la fuerza laboral. la empresa, antes dirigida por el dueño y sus decisiones.

Tiempo después, el sindicato tomó la decisión de vender la empresa, marcando el final de una era para todos los empleados. la venta resultó en una liquidación masiva, y yo me encontré entre aquellos afectados. mi situación se complicó aún más, ya que al ser un asalariado con nómina americana, quedé excluido de las compensaciones y beneficios otorgados a los empleados locales.

Llegó el día fatídico en el que el sindicato llevó a cabo una liquidación masiva de empleados. Este evento marcó el cierre definitivo de un capítulo en la historia de la empresa. Con la noticia de la liquidación, fuimos informados de que debíamos abandonar las instalaciones de la empresa, dejando atrás años de trabajo y dedicación.

Con un sentimiento agridulce, nos vimos obligados a desocupar las instalaciones que alguna vez fueron nuestro segundo hogar. el lugar que solía bullir de actividad y colaboración quedó en silencio, mientras cada uno de nosotros se despidió de su estación de trabajo y de los recuerdos compartidos.

En el instante en que perdí mi empleo, descubrí más que la amarga realidad de la falta de estabilidad financiera. Aquel día, al regresar a casa a una hora inusual, me encontré con una escena que añadió un dolor adicional a mi desilusión laboral. al abrir la puerta, noté que ella no esperaba mi llegada.

Su sorpresa y la forma en que estaba exquisitamente arreglada, indican que no era solo la casualidad de mi llegada temprana lo que la desconcertaba, sino la inesperada revelación de que nuestra relación albergaba la sombra de otra persona, su apariencia cuidadosamente preparada sugería que estaba lista para una salida que no estaba destinada a incluirme. En ese momento, las puertas de la verdad se abrieron, revelando no sólo la pérdida de mi trabajo, sino también la pérdida de la confianza y la fidelidad en nuestro vínculo.

A pesar de que ella estaba lista para salir y quedó estática ante mi inesperada llegada, unos minutos después, el teléfono resonó en la habitación. Aunque la melodía rompía el silencio, ella parecía incapaz de contestar.

Con un suspiro, le sugerí que respondiera, mencionando que la persona al otro lado del auricular seguramente estaría preocupada por su demora, pero por más que le insistí no se atrevió a hacerlo.
Después de intentar en vano que ella respondiera a las persistentes llamadas, finalmente decidí contestar yo. Al otro lado de la línea, el fulano, que esperaba escuchar la voz de ella, se quedó en silencio al oír la mía. Sin embargo, no dejé que el desconcierto del momento me detuviera.

Con firmeza, le informé que ella aún estaba presente y que a pesar de mi insistencia en que se fuera, se aferraba a quedarse, También le dejé claro quién era yo en esa ecuación, revelándole que yo era su esposo. En ese tenso momento, las piezas del rompecabezas se alinearon, y quedó claro que nuestra historia tomaría un giro inesperado y cargado de confrontaciones.

Después de descubrir la presencia de una tercera persona en nuestra relación, los pleitos se intensificaron, convirtiéndo cada conversación en un campo de batalla emocional. a pesar de sus intentos por minimizar la importancia de la situación, insistiendo en que "no era nada" y suplicando perdón, sus palabras resonaban como la confirmación de que nuestra relación nunca debió haber intentado convertirse en una pareja.

Cada discusión se convertía en una dolorosa revisión de lo que alguna vez compartimos, evidenciando las grietas que, quizás, siempre estuvieron presentes pero ahora se volvían imposibles de ignorar.

Entre palabras no dichas, quedaba claro que esta vez sí estábamos enfrentando el inevitable final de nuestra historia , aunque nuestra historia debería haber llegado a su fin mucho tiempo antes, pero nuestras deficiencias emocionales no nos impidieron hacerlo a tiempo.

Después de lidiar con el proceso de nuestra separación, sentí la necesidad imperiosa de indagar en la raíz de todos mis fracasos amorosos. Busqué ayuda psicológica, decidido a desentrañar los patrones que parecían repetirse en mi vida. Reconocí que para poder avanzar y construir relaciones saludables en el futuro, necesitaba entender las dinámicas y los comportamientos que habían contribuido a mis experiencias pasadas. Con la guía de un terapeuta, me sumergí en un viaje de autoconocimiento y reflexión profunda, explorando mis emociones, creencias y experiencias pasadas. Fue un proceso desafiante y a menudo doloroso, pero también liberador y transformador. A medida que me adentraba en las profundidades de mi ser, comencé a comprender mejor mis motivaciones, mis miedos y mis patrones de comportamiento. Con esta nueva conciencia, me sentí más equipado para tomar decisiones conscientes y construir relaciones más saludables y significativas en el futuro.

Fue en esas sesiones que recibí una revelación impactante: mi problema se remontaba a mi infancia. La terapeuta, con mirada comprensiva, me dijo: 'Traes tu niño interior roto'. Le pregunté qué significaba eso, y después de una breve explicación de su parte, comprendí que mi experiencia temprana había dejado heridas emocionales profundas que seguían afectando mi vida adulta. Mi niño interior representaba las partes vulnerables, emocionales y necesitadas de atención de mi ser. Las experiencias dolorosas o traumáticas de la infancia habían dejado cicatrices en mi psique, que continuaban influyendo en mi forma de relacionarme conmigo mismo y con los demás. Esta revelación fue el punto de partida para un proceso de sanación profunda, en el que me comprometí a cuidar y sanar a mi niño interior, proporcionándole el amor, la aceptación y la atención que tanto necesitaba. A partir de ese momento, empecé a trabajar en reconstruir una relación más amorosa y compasiva conmigo mismo, sabiendo que este era el fundamento necesario para construir relaciones saludables y significativas en mi vida adulta.

Al reflexionar sobre todos mis fracasos amorosos, he llegado a una revelación impactante, sin siquiera conocer el término "el niño interior roto", me di cuenta de cómo esa condición invisible había ejercido una influencia significativa en mi vida amorosa.

Las consecuencias de aquellas heridas infantiles se manifestaron en patrones de comportamiento y elecciones que, en su momento, no comprendía del todo, Ahora, con una mirada retrospectiva más clara, puedo ver cómo esas heridas no sanadas afectaron sin que yo lo supiera cada intento de construir algo significativo en mi vida adulta.

A través de la ayuda psicológica, he logrado comprender la razón detrás de nuestra baja autoestima y escaso amor propio. Me di cuenta de que, de niños, nunca nadie nos habló sobre estos temas cruciales para el desarrollo emocional,En lugar de recibir orientación y apoyo, tuvimos que aprender por nosotros mismos, enfrentando de manera dolorosa las consecuencias emocionales de la falta de conocimiento y guía en esa área vital de nuestras vidas.

La terapia se convirtió en un faro que iluminó esos rincones oscuros de mi pasado, permitiéndome entender el origen de mis luchas internas, y lo más importante, brindándome las herramientas para construir gradualmente una autoestima y amor propio más sólidos, En ese proceso de autoconocimiento, descubrí la importancia de llenar los vacíos emocionales de nuestra infancia y comenzar a nutrirnos emocionalmente de una manera que nunca antes habíamos experimentado.

Fue fundamental nutrirme emocionalmente de una manera que me permitió construir una autoestima y un amor propio más sólidos. Este proceso de autoconocimiento puede ser desafiante, pero también puede ser increíblemente liberador y transformador. A medida que aprendemos a cuidarnos y a tratarnos con amabilidad y compasión, podemos cultivar una relación más saludable con nosotros mismos y con los demás.

Retomando y resumiendo el estado de salud del niño enfermo, ahora convertido en un hombre, sigue viviendo en el mismo lugar, Su condición médica es motivo de gran preocupación, requiriendo cuidados y atención médica constante,Me enfrento a la tristeza que emana de mi pregunta: ¿valió la pena? En medio de mi propia reflexión, no puedo evitar cuestionar la necesidad de involucrar a esa criatura inocente en nuestras deficiencias emocionales.

Como mencioné al principio del relato, nuestra relación ya nació dañada, y lamentablemente, no supimos cómo afrontar los problemas de nuestras vidas.arrastrando a un inocente en esta maraña de emociones complicadas.

Aunque no lo mencioné anteriormente, al igual que nosotros, sus padres también fueron culpables, pero en nuestro afán de protegerlo, lo arrancamos de los brazos de su madre. el resultado ya conocen, ha sido un peso emocional para todos nosotros, una carga que nos ha llevado a cuestionarnos constantemente, ¿por qué lo hicimos?.

A medida que repaso mis relaciones amorosas fallidas, finalmente llegó a la dolorosa conclusión de que el verdadero problema radicaba en llevar conmigo a mi niño interior roto, Durante mucho tiempo me enfrenté a la desconcertante repetición de patrones dañinos en mis conexiones emocionales sin entender la raíz de mis luchas y batallas emocionales.

Fue solo con el tiempo, con paciencia y reflexión, que pude reconocer que mi problema tenía sus raíces en la infancia. Este descubrimiento, aunque tardío, resultó ser un punto de inflexión crucial. Por fin, conocí el origen de mi gran problema.

Este entendimiento no solo me permitió abordar las relaciones de manera más consciente, sino que también abrió las puertas a la posibilidad de la curación y el crecimiento emocional. A través de esta revelación, comencé el viaje de sanar al "niño roto" dentro de mí y construir relaciones más saludables y satisfactorias.

A pesar de haber librado numerosas batallas y enfrentado sufrimientos emocionales, reflexiono que la experiencia que dejó las cicatrices emocionales más profundas, fue mi involucramiento con ese inocente niño. Si no hubiéramos tomado esa decisión, ahora podría ver mis experiencias fallidas como desafíos de aprendizaje en lugar de cargar con el peso de las secuelas emocionales que me dejó esa elección.

A mi edad, y en un estado de tranquilidad, contemplo mi pasado con la nostalgia de desear retroceder en el tiempo para corregir tantos errores que cometí, y evitar repetir las mismas equivocaciones, Pero también disfrutar mucho más de mis aciertos, Lamentablemente acepto que ya no hay vuelta atrás, y lo único que puedo hacer es lamentarme, deseando fervientemente que nada de lo que hoy día tristemente lamento hubiera sucedido.

Mi historia es una serie de fracasos amorosos que, en retrospectiva, se revelan como consecuencia de un niño interior roto no sanado, A medida que reflexiono sobre mis experiencias, me doy cuenta de que muchos de nosotros vivimos o hemos vivido este problema sin ser plenamente consciente de ello. Las deficiencias emocionales que arrastramos desde la infancia a menudo pasan desapercibidas, y el origen de nuestros desafíos amorosos puede estar oculto en la oscuridad de nuestro pasado. Al compartir mi historia, espero generar conciencia sobre este tema y ofrecer una luz de comprensión a aquellos que puedan estar luchando en silencio con sus propias heridas emocionales.

No culpo a mi ex pareja por lo que vivimos juntos. al contrario, ahora que entiendo cuál fue el factor detonante de los fracasos de nuestra relación, reflexiono sobre ello. Comprendo que ella también sufrió mucho en su infancia al no conocer a su madre y crecer con falta de amor. Los dos, sin saberlo, fuimos víctimas de nuestras secuelas emocionales que en su momento ni siquiera sabíamos que existían, mucho menos cómo y con quién buscar ayuda profesional para sanar.

Espero sinceramente que mi historia pueda servir como un ejemplo o una fuente de solución para otras personas que, al igual que yo, están enfrentando o han pasado por situaciones similares. Si algo he aprendido en este viaje es que no estás solo en tus luchas internas y que buscar ayuda y trabajar en uno mismo puede conducir a una mayor sanación y crecimiento personal. Que mi experiencia pueda ofrecer una luz de esperanza y motivación para aquellos que buscan encontrar su camino hacia una vida más plena y auténtica.

www.ingramcontent.com/pod-product-compliance
Lightning Source LLC
Chambersburg PA
CBHW051800130726
47987CB00003B/1049